AF253698

L'ESPRIT

DU

MINISTÈRE ACTUEL.

L'ESPRIT

DU

MINISTÈRE ACTUEL.

Si la vertu s'accroît, c'est quand on la publie.

PARIS,

DE L'IMPRIMERIE D'ABEL LANOE, RUE DE LA HARPE, N.° 78.

Se trouve chez les Marchands de Nouveautés.

1819.

L'ESPRIT

DU

MINISTÈRE ACTUEL.

~~~~~~~~~~~~~~~~~~~~~~~

La Nation française a combattu contre l'Europe entière, et lui a résisté ; mais les conquêtes, qui font toujours le malheur des vainqueurs et des vaincus, ont exposé la France à être envahie. Elle s'est montrée grande jusque dans ses revers. Elle a fait tous les sacrifices d'intérêt pour recouvrer son indépendance, dont nous avons l'obligation à la sagesse du Roi, à l'habileté des négociations du duc de Richelieu, qui s'est acquis, par ses talens et son désintéressement, des droits à l'estime et à la reconnaissance des Français.

De nouveaux ministres ont remplacé les anciens, et font concevoir les plus heureuses espérances. La plus grande harmonie, la plus parfaite intelligence règnent parmi les hommes à la tête des affaires publiques.
~~~~~~~~~~~~~~~~~~~~~~~

Le bonheur général paraît être le but que se proposent tous les ministres.

Le *salus populi*, le salut du peuple, va donc enfin prendre la place du *salus gubernantium*, du salut des gouvernans, qui était l'unique mobile des hommes en place pendant la révolution. Mais comment quelques hommes, qui s'isolaient de la société, pouvaient-ils avoir la folie d'espérer se sauver, après avoir renversé l'état qui les comblait de bienfaits ?

Cicéron faisait semblable réflexion à Atticus, en lui parlant des Romains opulens. (1)

La fin tragique, la chute, la vie malheureuse des égoïstes qui sont punis de ne pas s'être occupés du bien public, sont bien propres à convaincre les fonctionnaires, qu'il est impossible de vivre tranquille et heureux, lorsqu'on rapporte tout à soi-même et à son intérêt particulier ; qu'il faut contribuer au bien-être d'autrui, si l'on veut se procurer le sien propre. *Il faut apprendre la vertu ; c'est un art que de devenir bon*, disait Sénèque. (2)

---

(1) *Ità stulti sunt, ut amissâ republicâ, piscinas suas salvas fore videntur.*

(2) *Nec potest quisquam beatè degere qui se tan-*

La marche actuelle des ministres prouve qu'ils ont appris, qu'ils connaissent cet art, puisqu'ils secondent les vues du Souverain, en travaillant à rendre le peuple heureux. Ils ont médité cette pensée profonde d'un roi, qui disait : Je crains plus la haine de mon peuple que le fer de mes ennemis. Aussi s'occupent-ils de faire aimer l'autorité du Roi. Leur conduite est en sens inverse de celle de l'atroce Bullion, qui disait à Louis XIII : vos peuples sont encore trop heureux ; ils n'en sont pas réduits à brouter l'herbe.

A coup sûr, cet homme était un ignorant ; car un sot, ainsi que l'a dit La Rochefoucauld, n'a pas assez d'étoffe pour être bon : il est incapable de sentir toute la vérité de ces observations :

Le bonheur appartient à qui fait des heureux.

Le bonheur n'est pas fait pour le méchant. (1)

____

tùm intuetur, qui omnia ad utilitates suas convertit. Alteri vivas oportet, si vis tibi vivere. Discenda est virtus ; ars est bonum fieri.

(1) *Nemo malus felix*, Juvénal. Le méchant, dit Hobbes, est un enfant robuste, *puer robustus.*

Il est sans cesse livré à la crainte, aux remords, à des alarmes continuelles.

Tous les hommes qui ont étudié le cœur humain sont d'accord à cet égard ; entendons Voltaire dire d'un méchant élevé au souverain pouvoir :

> Qu'ai-je fait, après tout, dans ma grandeur suprême ?
> J'ai fait des malheureux, et je le suis moi-même.

Telle est la réaction de la nature : on lit sur le visage du méchant l'empreinte de la turpitude, de la férocité de son âme.

Ces vers ont été faits pour le méchant :

> Sur son exécrable visage,
> La nature a peint son cœur ;
> Dans ses yeux, sur son front sauvage,
> Chaque muscle en peint la noirceur.

Il n'en est pas ainsi de l'homme bon, bienfaisant ; on lit sur son front, dans ses yeux, sa bienveillance pour tous les hommes, le calme, la sérénité de son âme. Tous les jours sont des jours de fête pour lui ; il double son existence, car c'est vivre deux fois que de jouir de la vie passée (1). Le souvenir d'une bonne action est

---

(1) Martial dit, en parlant de cet heureux vieillard

le beaume de la vie ; il dilate l'âme et rafraîchit le sang. La joie, le contentement intérieur sont la première récompense de sa vertu ; sans parler de celle que la divinité lui réserve ; car, mort ou vivant, disait Socrate, *l'homme de bien n'est jamais oublié de Dieu.*

L'empereur Tite paraissait persuadé de ces vérités ; car ce souverain, se rappelant un soir que la journée s'était passée sans avoir fait de bien, s'écria : *Diem perdidi,* j'ai perdu un jour.

Boileau a dit de ce prince :

Tel fut cet empereur, sous qui Rome adorée
Vit renaître les jours de Saturne et de Rhée,
Qui rendit, de son joug, l'univers amoureux ;
Qu'on n'alla jamais voir, sans revenir heureux ;
Qui soupirait le soir, si sa main fortunée
N'avait, par ses bienfaits, signalé sa journée.

Il ne faut pas s'étonner si les ministres s'occupent aussi du bonheur du peuple ; c'est parce

---

qui, repassant toute sa vie, ne se repentait d'aucun jour, et ne trouvait, dans les années passées, rien qui pût troubler sa tranquillité : *Præteritosque dies et tutos respicit annos.* Martial ajoute :

Ampliat ætatis spatium sibi vir bonus hoc est ;
Vivere bis, vitâ posse priore frui.

qu'ils savent qu'ils travaillent par-là même au leur; parce qu'ils veulent cimenter leur gloire du bonheur public.

Une pareille conduite prouve jusqu'à l'évidence leurs lumières et leur instruction; car la science rend l'homme bon, sensible et compatissant.

Le peuple qui n'est pas toujours reconnaissant de ce qu'on fait pour lui; qui ne calcule pas combien il est difficile à des hommes de gouverner d'autres hommes, surtout après une révolution comme la nôtre, au milieu du choc de toutes les passions, a cependant observé, avec la plus grande satisfaction, que le pain, que certaines denrées de première nécessité, que les entrées sur les vins avaient diminué, que les effets publics avaient haussé; ce qui prouve la confiance dans le ministère (1) actuel, et que

____

(1) Il faut envisager le gouvernement et le ministère sous le rapport de l'intérêt public. On ne saurait se cacher que, depuis le commencement de la révolution, il y a un système désorganisateur qui a pour objet de faire perdre la confiance aux hommes publics, aux hommes qui occupent les premières places de l'Etat, notamment aux ministres, comme étant le grand ressort du gouvernement. L'envie se déchaîne contre eux:

l'opinion est en sa faveur. Le peuple se fait une raison et sait que le mal arrive par torrent, que le bien découle goutte à goutte.

La diminution fait l'éloge des ministres, qui tous agissent de concert pour sécher les pleurs des malheureux français, pour faire des amis au Gouvernement.

Cette diminution fait infiniment d'honneur à M. le comte de Cazes, ministre de l'intérieur, qui, comme ministre de la police, a main-

---

si les partisans de ce système triomphaient, qu'en résulterait-il ? ou la démission, ou la chute des ministres, à qui l'on donne une retraite honorable ; par conséquent des charges pour l'état : les nouveaux ministres acquéreraient de l'expérience à nos dépens : ces nouveaux ministres, dont on convoiterait les places, seraient encore renversés : de chute en chute, le gouvernement se désorganise et pirouette, au gré des ennemis de la France, de révolution en révolution. Les partisans d'un pareil système, qui désirent ou provoquent la chute du gouvernement du ministère, sont-ils amis de la chose publique et de la patrie ? n'a-t-on pas beaucoup trop renversé ? ne faut-il pas consolider au lieu de détruire, au lieu d'imiter Samson qui ébranle les colonnes du temple, et qui s'écrase sous ses ruines ? Ce ne sont plus des manœuvres qu'il faut, ce sont des architectes politiques.

tenu l'ordre en France dans des circonstances bien délicates, qui a comprimé tous les partis, qui, comme ministre de l'intérieur, pourvoit à l'existence du peuple, fera fleurir l'agriculture, le commerce, l'industrie, les arts (1); encouragera les hommes qui les cultivent, parce qu'il con-

---

(1) Tous les grands souverains, tous les grands ministres ont été les protecteurs des lettres.

De trois choses, disait Mathias de Hongrie, que doit se proposer un prince ? la première est d'être juste ; la seconde de vaincre ses ennemis ; la troisième de récompenser les lettres et d'honorer les hommes célèbres.

Il est juste, disait Ganganelli, au cardinal Cavalchini, que les auteurs qui nous instruisent, ou qui nous édifient, trouvent des rémunérateurs dans le prince : l'argent ne peut être mieux employé qu'à soutenir le mérite et à encourager les talens. Il est honteux qu'il y ait des recherches établies pour les malfaiteurs, et qu'on ne s'informe ni de la fortune, ni de la demeure, des hommes qui éclairent le monde.

Le grand Frédéric, Louis XIV, Louis XV, Louis XVI, ont été les protecteurs des lettres et des sciences; Louis XVIII, qui est tout-à-la-fois un homme de lettres et un savant, les honore aussi de sa protection.

Le cardinal de Richelieu fût le protecteur des lettres; les ministres actuels le seront aussi, et seconderont les vues du roi, qui ne veut gouverner que des hommes éclairés.

naît toute la justesse du proverbe persan : Si tu veux faire croître le mérite, sème les récompenses.

Le ministre qui est pénétré de la vérité de la pensée de Charles le sage qu'on voit revivre dans le Roi, et qui disait : tant que la science sera honorée dans ce royaume, il continuera à prospérité ; mais quand elle en sera bannie, il déchoira ; s'opposera à ce que la nation s'abrutisse, et fera mentir Helvétius qui a avancé que les hommes actuellement célèbres, mourraient sans postérité.

Ce ministre, homme d'état, dans la force de l'âge (1), est capable de grandes choses ;

---

(1) Avec l'âge, dit Helvétius, on gagne en connaissance, en expérience ; mais l'on perd en activité, en fermeté. Or, dans l'administration des affaires civiles et militaires, lesquelles de ces qualités sont les plus nécessaires ? les dernières.

C'est toujours trop tard, observe Machiavel, qu'on élève les hommes aux places importantes : presque toutes les grandes actions des siècles présens et passés, ont été exécutées avant l'âge de trente-ans : les Annibal, les Alexandre, en sont la preuve.

L'homme qui doit se rendre illustre, dit Philippe de Comminnes, l'est toujours de bonne heure : ce n'est point dans le moment qu'affoibli par l'âge, qu'alors inail justifiera l'attente de la patrie, parce qu'il est enflammé de l'amour de la véritable gloire, qui consiste, ainsi qu'il le sait, à être utile.

L'amour de la gloire élève l'homme au-dessus de lui-même, étend les facultés de son ame et de son esprit, et est propre à former de grands hommes et de grands talens.

Le ministre des finances, éclairé comme il l'est, n'a pas été sans réfléchir à toute la justesse de la pensée de Frédéric : la victoire reste à celui qui a le dernier écu; et saura, par la sagesse de ses mesures, rétablir peu à peu les finances, qui ont été le tonneau des Danaïdes.

Le ministre examinera si les impôts, portés trop haut, ou exigés en trop peu de temps, ne nuisent pas à la fortune particulière et publique; en effet; il ne suffit pas d'imposer, il faut la possibilité de payer. Si l'on demandait au-dessus des forces des contribuables, ce serait ressembler au peuple de la Louisiane, qui coupait l'arbre par le pied pour cueillir plus promptement le fruit. Il est un moment en finance

sensible aux charmes de la louange, et indifférent à la considération, compagne de la gloire, on fait des efforts pour la mériter.

où quatre ne font pas un. La diminution d'entrée sur les vins étant plus considérable, ferait consommer davantage ; le peuple et le trésor y gagneraient. Il est digne du génie du ministre des finances, de créer un système tout opposé à celui qui a été adopté dans la révolution ; car, l'économisme était en sens inverse de la véritable économie.

Le ministre des relations extérieures prouvera qu'il sait être guerrier et homme d'état, allier tout à-la-fois les lauriers de la victoire aux palmes de la sagesse, et nous conciliera, par ses talens diplomatiques, l'estime et l'admiration de l'étranger.

Le ministre de la marine, par ses lumières et ses connaissances dans cette partie, lui rendra, avec le temps, sa splendeur ; car c'est à la marine, l'auxiliaire du commerce, de l'agriculture, des sciences et des arts, que l'Angleterre doit la grande renommée dont elle jouit.

Le ministre de la guerre, qui est le rempart de l'état, fit prendre à la Nation française une attitude imposante, en proposant l'organisation de la force militaire, lorsque les armées de l'Europe étaient encore sur le territoire français ; ses vues furent puissamment secondées par le corps législatif, qui adopta pour principe celui des grands politiques : *Si vis pacem, para bellum*, si vous voulez la paix, préparez la guerre.

Ce ministre, concourut donc aussi à faire recouvrer à la France son indépendance ; le Roi, en reconnaissance des services rendus à la patrie, ne cesse de l'honorer de sa confiance, qu'il sait si bien justifier.

Le public a encore applaudi au choix fait par le Roi du ministre de la justice ; cette place si importante dans l'état, puisque la justice est l'appui et le soutien de la société. Sans lois, disait Cicéron, il n'y aurait ni peuples, ni villes, ni nations : l'univers entier périrait.

La fonction de magistrat est pleine de gloire ; il est l'ami, le protecteur du pauvre ; l'ange tutélaire des cités. Le citoyen repose tranquille ; le magistrat veille pour lui. C'est la sentinelle infatigable, qui tient continuellement les yeux ouverts pour le maintien de l'ordre et de la tranquillité publique. La plus belle fonction de l'humanité, c'est de rendre la justice.

Thomas, dans son éloge de Daguesseau, a dit en parlant des magistrats : Ceux qui servent également la patrie, ont un droit égal à ses éloges.

Depuis que les hommes sont méchans et corrompus, il leur faut des armes et des lois : les armes, ces instrumens de la destruction et de la vengeance, servent de barrière à l'état et font fleurir la liberté sous l'abri de la victoire ; les lois, image de l'éternelle sagesse, font servir toutes les passions et tous les talens au bien public, protègent les faibles, répriment les grands, unissent les peuples aux rois et les rois aux peuples ; sans les armes, l'état deviendrait la proie de l'étranger ; sans les lois, il s'écroulerait sur lui-même. Aussi, la Grèce répétait avec admiration les noms des Solon, des Lycurgue, avec ceux des Miltiade, des Léonidas ; Rome se glorifiait autant de la censure de Caton, que des victoires de Pompée ; et les Chinois, ce peuple antique, si fameux dans l'Asie par la sagesse de ses lois, élèvent des arcs de triomphe aux magistrats comme aux guerriers.

C'est peu, disait le plus éloquent des anciens philosophes, d'avoir de grandes armées au-dehors, si l'on n'a pas de bons conseils (1)

---

(1) Le pouvoir, sans un bon conseil, finit par s'écrouler sous son propre poids : *vis, consilii expers,*

au-dedans. *Cedant arma togæ*, disait cet orateur, dans un temps où le peuple romain était vainqueur de l'univers:

---

mole ruit suâ. La chute de Buonaparte, qui avait à ses ordres l'armée la plus redoutable et la plus belle qu'on ait vue, fournit la preuve incontestable de cette vérité.

Parmi les conseils, celui de la femme ne laisse pas d'avoir un grand prix; car elle a un tact plus fin que celui des hommes. La femme, dans une foule de circonstances, a été et doit être la Minerve de l'homme.

François I.er disait qu'une société sans femmes, était un printemps sans roses. Non-seulement elles font l'ornement de la société, mais souvent elles l'éclairent.

Epaminondas sentait tout le pouvoir des femmes, puisqu'il rangea, à la bataille de Leuctres, l'amant à côté de la maîtresse, pratique qu'il regardait comme très-propre à assurer la victoire: les plaisirs des sens firent du bataillon sacré des Thébains un bataillon invincible.

Platon disait que le plus beau ' au sortir du combat, devait être la récompense du plus vaillant.

L'histoire fourmille de traits de bravoure et de sagesse, de la part des femmes, qu'il serait trop long de rapporter.

Abigaïl, Judith, Arrie, les Amazones, Jeanne Hachette, qui sauva Beauvais; l'héroïne Jeanne d'Arc,

Que Mars cède à Thémis ; la force à l'éloquence (1).

Il convient à un philosophe jurisconsulte, comme l'est le ministre de la justice, de présider

qui a sauvé Orléans et la France et tant d'autres, qui occupent un rang distingué parmi les femmes célèbres, et qu'il serait trop long de nommer, prouvent la bravoure, le courage, du sexe.

Les Gaulois rendaient hommage à la sagesse des femmes. Ils les aimaient, dit Tacite, et avaient pour elles la plus grande vénération ; ils leur croyaient quelque chose de divin ; les admettaient dans leurs conseils, et délibéraient avec elles sur les affaires de l'Etat. Les Germains en usaient de même avec les leurs. Les décisions des femmes passaient, chez eux, pour des oracles. Sous Vespasien une Velléda, avant elle, une Aurínia, et plusieurs autres, s'étaient attirées la même vénération ; c'est enfin, dit Tacite, à la société des femmes, que les Germains doivent leur courage dans les combats, et leur sagesse dans les conseils.

(1) Le triomphe de Cicéron prouve le pouvoir de l'éloquence : cet orateur plaidait pour Ligarius : il s'agissait d'obtenir la grâce de cet homme : tout autre que Cicéron ne l'aurait point entrepris : César tenait dans sa main la sentence de proscription, et ne voulait pas même entendre l'orateur ; cependant il y consentit en disant, écoutons Cicéron ; mon parti est pris, il n'en sera ni plus ni moins : Cicéron parle, et son éloquence

la magistrature. On dira de lui, ce qu'a dit Thomas du grand Daguesseau : sous lui, le

---

triompha de cette résolution : il ne nia point le crime, il ne justifia pas le coupable ; mais il sut si bien profiter du penchant que César avait pour la clémence, que le dictateur attendri laissa tomber le papier qu'il tenait dans sa main, et qu'il s'écria : tu l'emportes Cicéron ! César ne peut te résister.

On a fait les vers suivans sur l'éloquence ; je ne sais qui :

Quel art impérieux et plus fort par ses charmes,
Que le pouvoir des lois, que la terreur des armes,
Dans l'âme des humains porte ses traits vainqueurs,
Qui domptent les esprits et qui changent les cœurs ?
A ce noble triomphe, ô divine éloquence,
Je reconnais ta gloire ainsi que ta puissance.
Athènes, qui long-temps dut sa force à ta voix,
En ses divisions n'écoutant plus les lois,
De Philippe vainqueur devenait la conquête ?
Ce roi s'arme, elle tremble, il vient ; mais qui l'arrête,
Quel danger imprévu l'aurait donc ébranlé ?
Les Grecs sont réunis, Démosthène a parlé.
Aux souverains des rois préparant l'esclavage
Le fier Catilina s'apprêtait au carnage,
Et déjà, par la crainte, il les avait vaincus :
On entend Cicéron, Catilina n'est plus.

L'éloquence est donc l'auxiliaire de la nature, l'organe, l'interprète des sociétés et des malheureux : sans l'éloquence, la nature serait muette.

faible apprit que ce n'est point être criminel que d'être odieux à un homme puissant, et le pauvre connut avec étonnement qu'il est encore au rang des hommes. Protecteur des malheureux, ce titre qu'il tient de l'état, il le préfère à tous les titres fastueux qu'inventa la vanité pour relever le néant, et que la bassesse donne à l'orgueil.

Le Ministre de la justice ne permettra pas que le trébuchet de Plutus fasse pencher la balance de Thémis. Le choix de pareils Ministres, leur début dans le ministère, semble garantir qu'ils ne cesseront de s'occuper du bonheur public, de procurer aux malheureux les moyens de vivre du fruit de leur travail, de leur industrie. Quel heureux présage pour l'avenir! Que de bénédictions le Roi et les Ministres vont-ils recueillir! L'on voit donc de jour en jour le Gouvernement s'affermir; tous les Français,

---

Si l'on m'appelle le citateur je répondrai, avec Descartes, dont je suis bien loin d'avoir les talens je veux m'appuyer de l'autorité; puisque la vérité est si peu de chose quand elle est seule: ne la regarde-t-on pas, en effet, comme un paradoxe, quand elle paraît pour la première fois?

sourds à la voix des factieux, se rallier autour
du trône, se préserver par là d'une révolution
plus terrible que toutes les autres, et qui loin
de remédier aux maux ne ferait que les empirer,
comme l'ont toujours fait les révolutions qui
n'ont profité qu'aux chefs de parti (1); mais le

---

(1) Il est nécessaire, indispensable, de chercher à
connaître quelle pourrait être la dernière espérance
des chefs de parti, pour en venir à leurs fins ; je ne
sais si je me trompe, mais il me semble qu'ils fondent
leur espoir sur la misère qui a toujours été un des grands
ressorts pour remuer une nation. Jusqu'à ce moment
la divinité a permis que le peuple ne tombât pas dans le
piège et restât tranquille, parce qu'à forcé d'avoir été
dupe, il ne veut plus l'être.

Quoiqu'il en soit ; je crois qu'il serait sage, prudent,
politique, que les nouveaux riches portassent leurs re-
gards sur le passé, profitassent des leçons terribles
qu'ont reçues les riches, faute d'avoir su faire à-pro-
pos des sacrifices d'intérêt, faute d'avoir imité le pilote
qui dans une tempête jette à la mer la moitié de sa car-
gaison pour conserver l'autre et sauver sa vie. Comment
les plutus de nos jours n'observent-t'ils pas que depuis
la révolution l'on lance les pauvres contre les riches ?
Justifieraient-ils ce que disait Fontenelle : nous entrons
tout neufs dans la vie, et les sottises des pères sont
toujours perdues pour les enfans ?

Les Crésus modernes, moins riches de ce qu'ils pos-
sèdent, que pauvres de ce qu'ils n'ont pas, devraient jeter

calme de la société a déjoué et déjouera tous leurs complots, parce que la force d'inertie est la première de toutes les forces.

---

un coup-d'œil sur la situation de la société ; sa position leur ferait sentir que le jeu de la bourse auquel beaucoup d'entr'eux se livrent, parce qu'ils sont dévorés de la soif de l'or, absorbe de grands capitaux, dont le défaut de circulation paralyse le commerce, l'agriculture, l'industrie, les arts, les fabriques, les manufactures, et prive quantité d'individus de travail, les met dans l'impossibilité de vivre, parce que tout l'or se trouve entre quelques mains ; mais l'humanité ne doit-elle pas parler à leur cœur, les déterminer à suivre l'exemple du Roi et de son auguste famille, qui font les plus grands sacrifices, et à venir au secours des malheureux. Les anglais, pour éviter les révoltes, ont la sagesse de le faire. Ce serait le moyen de nous préserver des convulsions intestines.

Nous avons vu la révolution de la liberté, dont nous n'avons eu que le mot et les arbres sans fruits. Il faut être en garde contre la guerre de la paix, et craindre qu'on ne substitue à la poudre foudroyante à canon, la poudre sourde de la misère et de la discorde ; s'il en était ainsi, les nouveaux riches devraient prudemment tout faire pour prévenir la révolution de la misère, dont ils seraient les premières victimes ; révolution dont l'Europe pourrait profiter pour subjuguer et partager la France ; mais l'honneur de la nation, son in-

Les Français qui ont appris à se convaincre, qu'une révolution est l'explosion d'un volcan qui fait sauter les hommes et les choses , sont las de révolutions et ne veulent plus servir d'instrumens entre les mains de quelques ambitieux qui ne réussiront pas à s'élever sur les ruines de la Patrie.

La Nation qui n'a pas oublié que la journée du 20 mars a coûté à la France plus de deux milliards , s'opposera donc de tout son pouvoir à toute espèce de révolutions , soutiendra , défendra le Gouvernement qui s'occupe de remédier à son malheur ; car , comme l'a dit Mirabeau, la révolution n'est pas un jeu d'enfant , le bon-

térêt, sauront dans tous les temps s'y opposer. Les circonstances actuelles doivent rappeler aux enfans gâtés de la révolution , la réponse d'un paysan de Montrouge à qui l'on demandait, qu'est-ce que la révolution ? et qui répondit : c'est le combat des mangés contre les mangeurs.

Le corps législatif, par un décret qui flatterait l'amour-propre des nouveaux riches , les déterminerait aux plus grands sacrifices, parce que l'honneur chez les français, est une mine qu'on peut toujours exploiter avec le plus grand succès. Le lapidaire ne se sert-il pas de la poudre à diamant pour tailler le diamant lui-même ?

heur du peuple doit en être le resultat; comme tous les travaux des ministres ne tendent, ne peuvent tendre et ne tendront qu'à procurer ce bonheur, on peut dire avec vérité : la révolution est finie.

Oui, la révolution est finie, parce que Dieu qui est le maître des empires, par qui les rois règnent, a fait, contre toutes les vraisemblances, monter sur le trône Louis XVIII, et saura l'y maintenir, par l'intérêt même qu'ont les Souverains à le soutenir, parce que la cause du Roi de France est la leur; on voit évidemment le doigt de Dieu dans tout ce qui s'est passé; Dieu est donc pour nous; qui peut s'opposer à ses volontés ?

Que peuvent contre lui tous les Rois de la terre ?
En vain ils s'uniraient pour lui faire la guerre :
Pour dissiper leur ligue, il n'a qu'à se montrer ,
Il parle, et dans la poudre il les fait tous rentrer;
Au seul son de sa voix la mer fuit, le ciel tremble,
Et les faibles mortels, vains jouets du trépas,
Sont tous devant ses yeux comme s'ils n'étaient pas.

Oui, la révolution est finie, parce que le Roi, de ses ennemis (1), a le secret d'en faire des

____

(1) Le Roi semble adopter la politique d'Henri IV,

amis, parce que le Souverain sait être, non le Roi des partis, mais le Roi de la France; parce

qui disait qu'il voulait de ses ennemis en faire des amis, leur faire tant de bien, qu'il les forcerait de l'aimer, et signale chacun de ses jours par des bienfaits; en rappelant les exilés. Son cœur gémissait de voir ses enfans éloignés du sein paternel, et les fait rentrer dans leur patrie. On peut appliquer au Monarque ces vers:

> Punir est un tourment, pardonner un plaisir;
> C'est, de la royauté, le droit le plus auguste;
> Un devoir aussi saint que celui d'être juste.
> Il faut plaindre le sort d'un prince infortuné
> Dont le cœur endurci n'a jamais pardonné.
>
> . . . .
> . . . .
>
> Hélas! tous les humains ont besoin de clémence.
> Si Dieu n'ouvrait ses bras qu'à la seule innocence,
> Qui viendrait dans son temple encenser ses autels?
> Dieu fit du repentir la vertu des mortels.

Qu'il est beau de pardonner, avec le plein pouvoir de punir!

Les hommes envers qui le Roi se montre si généreux, ne paieront pas d'ingratitude sa bonté; car l'ingratitude est le complément de tous les vices. Si vous dites ingrat, observe Cicéron, vous dites tout: *Si ingratum dicas, dicis omnia.*

Le Roi, loin d'avoir à se reprocher sa clémence, n'aura qu'à s'en féliciter: *qui pronus est ad miseri-*

que le Roi qui marche avec son siècle, sait se plier aux temps, aux lieux et aux circonstances.

Ce Monarque qui sait que les lois doivent changer, lorsque les mœurs, lorsque les opinions changent, a fait une transaction entre tous les partis, en donnant sa Charte qui est le paratonnerre, le levier politique, la planche après le naufrage, l'ancre du salut, le palladium de la couronne et de l'état, son plus beau titre à la postérité, ainsi que l'a dit le Roi.

Oui la révolution est finie, parce que les Français, joués par tous les partis, ne connaissent plus que celui de la patrie, sentent le besoin d'être gouvernementaires, et disent :

Il n'est plus, aujourd hui, qu'un parti parmi nous,
Celui du bien public et du salut de tous.

La France veut, pour me servir des expressions de Voltaire,

Raffermir par un accord heureux,
Des Peuples et des Rois, les légitimes nœuds,
Et faire encor fleurir la liberté publique,
Sous l'ombrage sacré du pouvoir monarchique.

Le Monarque sera beaucoup plus puissant

---

cordiam benedicetur, dit le psalmiste, celui qui est miséricordieux sera béni.

sous le gouvernement représentatif que sous tout autre, parce que le peuple obéira d'autant plus volontiers aux lois, qu'il concourt à leur formation ; d'un autre côté, la Nation trouvera dans le Gouvernement représentatif, quand la responsabilité sera établie, la monarchie modérée que les plus grands philosophes de l'antiquité, Socrate, Xénophon, Platon, regardaient comme le seul bon gouvernement propre à procurer aux peuples une liberté subordonnée aux lois.

Les idées libérales qui ont succédé aux grands mots de liberté, d'égalité, qu'on pourrait bien avoir lancées parmi nous pour en faire des instrumens de ruine, pour diviser les Français entre eux, deviendront, par leur sagesse, des instrumens de salut, et rendront l'homme libre sous la loi, avec un Roi : *liber sub lege, cum rege.*

La république qui, d'après son étymologie, signifie la chose de tous, existera beaucoup plus avec un roi qu'elle n'a existé sans roi, parce que l'intérêt général deviendra le grand régulateur. Les monarchiens constitutionnels, au milieu du chaos où nous nous trouvons, sont donc, à mon avis, les seuls qui puissent sauver la France des folies, des fureurs des *Ultrà.* Le Roi l'a pensé ainsi en établissant la monarchie constitutionnelle. L'Europe n'a-t'elle pas dit que c'était le seul système propre à maintenir la paix ?

Oui la révolution est finie, parce que les braves, fidèles à leurs sermens, ne voulant point avoir à rougir à leurs yeux et à ceux de l'Europe, né passeront jamais sous d'autres drapeaux que sous ceux de leur Roi légitime, et défendront le Gouvernement et la Patrie.

Oui, la révolution est finie, parce que les ministres qui voient la France, l'univers, la postérité les regarder, identifient aujourd'hui leurs intérêts avec ceux de la Patrie, ne cherchent dans la grandeur, que le pouvoir de faire le bien, que les moyens de cicatriser les plaies de l'état, de se mériter l'amour, l'affection de leurs concitoyens, de faire chérir leur mémoire ; telles sont les jouissances qu'ambitionnent les ministres, et qui sont infiniment préférables à celles de la vanité, du faste, du luxe, après lesquelles courent les hommes vulgaires.

P. S. On dira peut-être que cette feuille a été payée ; je répondrai avec vérité : non. Je ne mets pas ma raison aux gages de personne ; je n'attends point un ordre pour penser, quoique je sache que ce soit le moyen de réussir, parce qu'un ouvrage tombe s'il n'a pour lui les cotteries qui dominent et qui adoptent pour principe :

Nul n'aura de l'esprit que nous et nos amis.

Toutes ces considérations ne m'ont pas empêché d'écrire sous la dictée de mon cœur. Je ne porte la livrée d'aucun parti, parce que je ne vois que la patrie. Si j'ai mis au jour mes idées, c'est que je me suis dit, dans un siécle où les bonnes actions sont si rares, on ne saurait trop préconiser celles qui existent, afin d'intéresser les hommes à les multiplier, afin de substituer l'amour du bien public à l'égoïsme qui sappe à bas bruit les fondemens de la société. Il est donc juste, il est donc politique de dire aux hommes publics : vous avez bien fait aujourd'hui, nous vous attendons à demain.

> L'œil du public est aiguillon de gloire ;
> L'on en vaut mieux quand on est regardé.

DEBAUVE,

Auteur d'un ouvrage intitulé : *Le gouvernement légitime de Louis XVIII peut seul sauver la France et l'Europe* ;

Et d'une brochure ayant pour titre *La France ne saurait périr.*